Die weiße Reihe

Im Café

Eva-Maria Janke / Ellert & Richter Verlag

Eva-Maria Janke, geb. 1953 in Hamburg, studierte Germanistik und Anglistik/Amerikanistik in Hamburg und USA. Sie lebt in Bonn und arbeitet als freie Lektorin und Autorin.

Titelfoto:
Im Wiener Café Bräunerhof kann man noch richtig abschalten.

Bildquellen:
Titelfoto: Jürgen Röhrscheid, Hamburg
Burkhard von Harder, Hamburg 14/15, 42/43, 46
Volker Hinz / G+J Fotoservice, Hamburg 33
Thomas Höpker / Agentur Anne Hamann, München 22, 36, 47
Milan Horacek / Bilderberg, Hamburg 10/11
Tom Jacobi / stern, Hamburg 54/55
Janos Kalmar / Transglobe, Hamburg 39
Urs Kluyver, Hamburg 50/51
Urs Kluyver / Focus, Hamburg 40
Mihaly Moldvay / stern, Hamburg 38
J. Ch. Pratt, D. Pries / Schapowalow, Hamburg 29
Jürgen Röhrscheid, Hamburg
23, 25, 26/27, 28, 32, 34/35, 37
Bernhard Schmidt, Essen 18/19, 30/31

CIP-Kurztitelaufnahme der Deutschen Bibliothek

Im Café / Eva-Maria Janke. –
Hamburg: Ellert & Richter, 1987.
(Die weiße Reihe)
ISBN 3-89234-029-3

NE: Janke, Eva-Maria (Hrsg.)

Text: Eva-Maria Janke, Bonn
Gestaltung: Hartmut Brückner, Bremen
Satz: Headline Fotosatz, Bremen
Lithografie: Tiroler Repro, Innsbruck
Druck: Passavia Druckerei GmbH, Passau
Bindearbeiten: Buchbinderei Klemme, Bielefeld

Im Weinhaus dominiert der Wein, im Bierhaus das Bier, im Gasthaus die Gastronomie… Das Warenhaus sucht man der Waren wegen auf, im Schutzhaus sucht man Schutz, das Freudenhaus lockt durch die Aussicht auf Freuden, im Heizhaus wird geheizt, das Konzerthaus ist für die Konzerte da, aber im Kaffeehaus ist das Haus tausendmal wichtiger als der Kaffee. Er ist nicht der Inhalt, sondern die Form, er ist der Vorwand, ein Kaffeehaus aufzusuchen. Er ist der Katalysator. Er ist die Eintrittskarte.

(Hans Weigel)

Eva-Maria Janke: Im Café

Ins Caféhaus zu gehen, dort jemanden zu treffen, eine Weile zu sitzen – jeder verbindet damit angenehme Gefühle, Erinnerungen und Assoziationen: Muße, Zeit, Behaglichkeit, Beobachtungen, Gespräche, Inspirationen, ruhige Lektüre, ein Rendezvous, Kaffeeduft und Kuchenbuffets; und die eine oder andere ganz persönliche Note. Das Café ist ein Ort, an dem man sich wohl fühlt; wo sich die meisten von uns gern öfter und länger aufhalten würden, aber leider nur selten Gelegenheit dazu finden. Zeitmangel ist zu einer Krankheit geworden, an der wir alle mehr oder weniger leiden, und so verbindet man inzwischen das Café auch häufig mit den Gästen, die am wenigsten davon betroffen sind – älteren Menschen, Studenten und freiberuflichen Lebenskünstlern, die sich der Hektik des Alltags leichter entziehen können. Sicher sieht man auch Leute, die zwischen ihren Erledigungen schnell mal einen Kaffee trinken gehen, und andere, die dort ihre Mittagspause beenden oder sich nach Feierabend zu einem Gespräch treffen. Für einen Großteil von uns ist das Café jedoch dem Wochenende vorbehalten, ist zur Stätte der Erholung geworden, nach anstrengenden Samstagseinkäufen, einem Sonntagsspaziergang oder Familienausflug. „Die meisten Leute gehn ins Café wie auf Urlaub vom täglichen Leben", sagt Hermann Kesten, der einen großen Teil seines Lebens im Caféhaus zugebracht hat und wie kaum ein anderer dort zuhause ist. Würde es doch nur etwas mehr dazugehören!

Der Begriff Café hat sich heute an vielen Orten eingenistet; auch an einigen, die eigentlich nichts oder nur wenig mit ihm zu tun haben. Ein cleveres Marketing-Management hat, im Bewußtsein der Bedeutung und Wirkung dieses Wortes, Namen geschaffen, die vielleicht etwas „fehl am Platze", aber zugkräftig sind. So gibt es neben den schon traditionellen Ablegern des eigentlichen Caféhauses – Strandcafés, Waldcafés, Tanzcafés, Konzert-Cafés, Eiscafés, Café-Bars, Konditorei-Cafés und Café-Restaurants – längst unzählige Cafeterias, die eher an einen erweiterten Schnellimbiß erinnern, mittlerweile auch Spielcafés mit Flipperautomaten und Computerspielen und sogar Videocafés. Die modernen Erscheinungsformen, so berechtigt sie im Wandel der Zeit vielleicht sein mögen, interessieren hier aber, wenn überhaupt, nur am Rande. Dagegen sind die vielen Frühstückscafés, die in den letzten Jahren ein festes Stammpublikum finden konnten, die typischen Studentencafés in Campus-Nähe, denen oft auch Bücherantiquariate angeschlossen sind, und die Nachtcafés, die man in Großstädten immer häufiger sieht, aus der Landschaft beliebter Gaststätten kaum noch wegzudenken. Aber sie alle, wie das traditionelle kleine Café an der Ecke, haben ihren Ursprung im guten alten Caféhaus, das vielerorts verdrängt worden ist und so häufig vermißt wird.

Das Kaffeetrinken in Gesellschaft hat eine sehr alte Tradition. „Coffea arabica" stammt aus Äthiopien, wurde angeblich um 575 n. Chr. erstmals angebaut, und schon im 9. Jahrhundert der Hegira (dem 15. Jhdt. n. Chr.) soll es erste Kaffeehäuser im Nahen Osten, Persien und Arabien gegeben haben; in Mekka, Medina, Mokka und Aden ließen sich Dichter und andere Leute, die sich Zeit nehmen konnten, bei ihren Gesprächen und Spielen vom Kaffee anregen. Bald breiteten sich diese beliebten gesellschaftlichen Treffpunkte über Ägypten und die Türkei aus, und als der Kaffeeanbau im 15. Jahrhundert extensiver betrieben wurde, in der gesamten islamischen Welt. In Konstantinopel, wo seit 1554 Poeten, Wesire und Kadis im Café Hakim Mühle spielten und debattierten, nannte man sie „Schulen der Weisheit"; es wurde gepredigt, man lauschte Märchen und spielte auch Schach.

Anfang des 17. Jahrhunderts lernte der Italiener Pietro della Valle dort den türkischen Kaffee kennen und notierte dazu in seinen Reisebeschreibungen („Viaggi", 1614–1626): „Er macht, daß jene, die ihn genießen, sich nicht schläfrig fühlen. Aus diesem Grund lieben ihn die Studenten, die noch bis spät in die Nacht hinein lesen wollen." Schon damals also verband man das heiße Getränk aus dem Morgenland mit geistiger Anregung, künstlerischer oder spielerischer Betätigung und gesellschaftlichem Austausch, es war bereits ein Stück Kultur – Vorgänger des späteren europäischen Künstlercafés.
Die Türken brachten den Kaffee nach Europa. Um 1647 entstand das erste Café Venedigs unter den Arkaden auf dem Markusplatz, und kurz darauf eröffnete ein syrischer Jude das erste Lokal dieser Art in England – in Oxford. Innerhalb weniger Jahre verbreitete sich die Sitte des Kaffeetrinkens auf dem ganzen europäischen Kontinent, und Johann Sebastian Bach komponierte sogar eine Kaffee-Kantate. Nach Nordamerika gelangte das Getränk zwar auch schon 1668, verdrängte den Tee aber erst gute hundert Jahre später, nach der Boston Tea Party, als die Teesteuern Probleme aufwarfen.
Anfang des 18. Jahrhunderts brachten die Holländer den Kaffee erst nach Java, dann nach Ceylon, und die Engländer und Franzosen führten ihn wiederum auf den Westindischen Inseln ein. Von dort gelangte er nach Brasilien und anderen süd- und mittelamerikanischen Staaten, die schließlich zu den größten Kaffeelieferanten der Welt wurden, da die asiatische Kaffeerost-Plage vor rund hundert Jahren zur Aufgabe der meisten dortigen Plantagen führte.
Die Angaben über die Entstehung der jeweils „ersten" Kaffeehäuser sind recht unterschiedlich; jedes Land hat seine Legenden und Anekdoten, und mehrere Städte nehmen für sich in Anspruch, in dieser Hinsicht führend gewesen zu sein. Sicher ist, daß – nach den bereits genannten – die ersten Cafés Europas in Marseille, Paris, Wien, London, Frankfurt und Rom zu finden waren und daß der Siegeszug des Kaffees um 1700 überall Einzug gehalten hatte. Das Caféhaus war nicht nur fester Bestandteil des öffentlichen Gesellschaftslebens geworden, sondern auch des Kulturgeschehens. Denn von Anfang an versammelten sich dort vor allem diejenigen, die besonders interessiert waren an geistigem Austausch im Rahmen eines geselligen Beisammenseins: Künstler jeder Art, Philosophen und Mäzene; und diejenigen, die sich entweder dafür hielten oder Wert auf die Begegnung mit solchen Leuten legten. In vielen Cafés – zwangsläufig in den bekanntesten – ist das bis in unser Jahrhundert hinein so geblieben.
Im 17. und 18. Jahrhundert waren die Kolonialmächte England und Holland die Länder mit dem ausgeprägtesten Caféhausleben, das dort eine bedeutende soziale, politische und kulturelle Rolle spielte. Londoner Cafés wie Will's oder das Grecian wurden zu gesellschaftlichen Institutionen, obwohl lange Zeit keine Frauen zugelassen waren; andere entwickelten auch kommerzielle Funktionen, und aus Lloyd's Coffee House entstand gar die weltberühmte gleichnamige Versicherungsgesellschaft.
In England entwickelte sich aus dem ursprünglichen Kaffeehaus der exklusive Club, auf dem Kontinent das uns bekannte Café. Die unterschiedliche Schreibweise hat durchaus ihren Sinn: Ein Kaffeehaus wird man heute unwillkürlich in Wien, Budapest, Prag und anderen Städten vermuten, die Wiener Traditionen aufgegriffen oder nur leicht abgewandelt haben; in Paris gibt es diese nicht, wohl aber Cafés und etwas größere Caféhäuser, und diese wiederum gibt es überall; Berlin kennt sämtliche Stilarten, und jedes Wiener Kaffeehaus ist auch ein Café. – Einige der ältesten stehen noch heute und genießen einen geradezu legendären Ruf: das Café Procope in Paris, die Cafés Florian und Quadri auf dem

Markusplatz von Venedig, das Caffè Greco in Rom. Sie haben im wahrsten Sinne des Wortes Geschichte gemacht. Vor allem in den europäischen Hauptstädten wurden Cafés zu Ursprungsstätten bürgerlicher Emanzipation, zu Keimzellen kultureller und politischer Entwicklungen und sogar Revolutionen.

Wien ist die Stadt, die man am ehesten mit dem Caféhaus verbindet – hier ist es zu einer Institution geworden, die untrennbar mit dem Lebensstil der Bevölkerung und dem Stadtbild verbunden ist. Kein Wiener, der nicht sein Stammcafé hätte, kein Wien-Besucher, der nicht ins Kaffeehaus gegangen wäre (wenn nicht, war er eben kein Wien-Besucher). „Wien ist die Stadt der funktionierenden Legenden", bemerkte Friedrich Torberg, wie sein Freund Kesten ebenfalls Literat und Kaffeehausbewohner – und selbst eine Wiener Institution –, der in seinen Skizzen zur „Tante Jolesch" dem Wiener Kaffeehaus ein amüsantes und geistreiches Denkmal gesetzt hat: „In Wien nämlich verhält sich's nicht so, daß die Realität eines Tatbestands allmählich verblaßt und legendär wird. In Wien entwickelt sich die Legende zur Wirklichkeit ... von den Lipizzanern der Spanischen Hofreitschule bis zu Burg und Oper, vom Restaurant Sacher bis zur Konditorei Demel ist es die Wirklichkeit, die der Legende nachkommt, ja geradezu nacheifert, sind es die funktionierenden Legenden, die das Charakterbild Wiens entscheidend mitbestimmen. Die weitaus komplizierteste dieser Legenden ist das Wiener Kaffeehaus."
Die Geschichte dieses gastlichen Ortes geht hier zurück auf das Jahr 1683, als die Türken nach der Befreiung Wiens und ihrer Flucht ein paar Kaffeesäcke zurückließen, mit denen der Spion Franz Georg Kolschitzky angeblich als einziger etwas anfangen konnte und diese als Kriegsbeute für sich beanspruchte. In der Domgasse nahe Sankt Stephan soll er das erste Wiener Kaffeehaus eröffnet haben. Allerdings gibt es auch die Überlieferung, daß zur gleichen Zeit ein Grieche namens Theodat (Diodato), der sich ebenfalls im Türkenkrieg verdient gemacht hatte, als erster zum Kaffeeausschank berechtigt wurde. Wie auch immer: der Beruf des Kaffeesieders war entstanden und das Wiener Kaffeehaus geboren. Es muß sich in Windeseile eingebürgert haben, denn schon 1730 schrieb J. B. Küchelbecker: „Und gleichwie Thee, Caffee und Chocolate nunmehro durch gantz Europa nur allzu bekannt und im Gebrauch und Schwange sind, also findet man allhier biß an die dreyßig Caffee-Häuser, allwo man auch allerhand Sorten kühlende Wasser und Liqueurs verkaufft und sich mit Billard-Spielen divertiren kann.
In solchen trifft man gemeiniglich die Nouvellisten an, oder diejenigen, so sich um die Zeitungen bekümmern, die Gazetten lesen, darüber discouriren, und allda von Krieg und Frieden decidiren."
Zeitung lesen, Billard spielen, dann auch Tarock und Schach, Bekannte treffen und über Gott und die Welt reden – der Wiener ging und geht nicht etwa nur zum Kaffeetrinken ins Café. Im Gegenteil: das ist eigentlich Nebensache. Es geht ihm um den Ort und das Drumherum. Dabei frequentierte lange Zeit jeder Berufsstand sein Stammlokal, um unter Gleichgesinnten zu sein und die Atmosphäre zu genießen, in der man sich am wohlsten fühlte. Die Kaufleute bevorzugten ein anderes Café als die Offiziere der kaiserlichen Armee, die Literaten ein anderes als die Maler oder Musiker, und in wieder anderen Häusern traf sich die Wiener Gesellschaft, wobei Standesunterschiede hier eine weitaus geringere Rolle spielten als anderswo: „Selbst der höchste Adel gesellte sich zu der gebildeten Bürgerklasse", berichtete Gustav Gugitz über die Cafés im Paradeisgartl und im Volksgarten, wo überdies Josef Lanner und Johann Strauß mit ihrer Musik für „Wiener Frohsinn" sorgten. Bis heute sind

die Wiener Kaffeehäuser in Ausstattung, Atmosphäre und Publikum durchaus unterschiedlich, wenn auch einige Charakteristika wie die Angebote an Zeitungen, Kaffeesorten und kleinen Speisen sowie die überwiegend männliche Bedienung überall relativ ähnlich anzutreffen sind.
Eines der legendären Wiener Kaffeehäuser war das 1847 gegründete Café Griensteidl an der Ecke Michaelerplatz und Herrengasse. Schon ein Jahr nach seiner Eröffnung spielte es im unruhigen Europa der 1848er Revolution eine große Rolle als „Lager der freisinnigen Elemente von Wien, im Gegensatz zu dem nahen Café Daum, das als Zusammenkunftsort der gemäßigten, der konservativen Kreise galt". Man bekam dort internationale – unzensierte – Zeitungen, die ausgiebig über alle Neuigkeiten und Geschehnisse informierten, und neben dem literarischen Salon der Dichterin Karoline Pichler, der von Größen wie Madame de Staël und August Wilhelm Schlegel, Lenau, Grillparzer und Raimund, Adalbert Stifter, Ludwig Uhland und dem Kreis um Franz Schubert aufgesucht wurde, entwickelte sich das Griensteidl zu einem Haupttreffpunkt der Wiener Literaten. Es war nicht das erste dieser Art – einige der Gäste von Frau Pichler und viele andere hatten auch schon im Kramerschen „gelehrten" Kaffeehaus gesessen, in dem so viele Zeitungen auslagen, andere im „Silbernen Kaffeehaus" von Ignatz Neuner, beides Lokale, die für die politischen Ansichten ihrer Gäste so berüchtigt waren, daß sich bezahlte Polizeispitzel dort als Kellner anstellen ließen. Künstler trafen sich auch gern im Café Bogner. Aber das Griensteidl, ebenfalls durch Spione der Obrigkeit kontrolliert, wurde für fünfzig Jahre zur unbestrittenen Hochburg der Wiener Künstler.
In die vier oder fünf niedrigen gewölbten Räume mit rauchgeschwärzten Wänden kamen die Schauspieler vom Burgtheater und die Sozialisten von der „Arbeiterzeitung"; und die Literaten, die hier neben einer Fülle von Zeitungen und Magazinen auch sämtliche Bände von Meyers Conversationslexikon und sogar Schreibmaterial vorfanden, machten das Griensteidl zu ihrem Wohn- und Arbeitszimmer. In diesem Café schrieb Ludwig Anzengruber seine Dramen am persönlichen Stammtisch, und die Dichter des „Jungen Wien" versammelten sich um Hermann Bahr, Arthur Schnitzler, Hugo von Hofmannsthal, Peter Altenberg und Richard Beer-Hofmann. Auch Karl Kraus, der spottete, daß die jungen österreichischen Talente „so dicht an einem Kaffeehaustisch zusammensitzen, daß sie einander gegenseitig an der Entfaltung hindern". Als das Griensteidl 1897 geschlossen wurde, nahm Kraus diese kulturelle Katastrophe allerdings zornig zum Anlaß, ein Pamphlet über „Die demolirte Literatur" zu schreiben, in dem es heißt: „Ein hausherrlicher Entschluß, dessen Folgen gar nicht abzusehen sind. Unsere Literatur sieht einer Periode der Obdachlosigkeit entgegen, der Faden der dichterischen Production wird grausam abgeschnitten ... das Berufsleben, die Arbeit mit ihren vielfachen Nervositäten und Aufregungen spielte sich in jenem Kaffeehause ab."
Aber die Wiener Boheme fand ein neues Zuhause, nur ein paar hundert Meter weiter; von nun an hieß ihre Adresse (und das war in vielen Fällen – wie bei Peter Altenberg – wörtlich zu nehmen): Café Central, Herrengasse. Die Griensteidler zogen um in die „Säulenhalle" und den berühmten Arkadenhof im Palais Ferstel, von Hans Weigel als „Urbild und Krone aller Wiener Kaffeehäuser im ersten Drittel unseres Jahrhunderts" bezeichnet und von Franz Werfel, Alfred Polgar, Anton Kuh und Peter Altenberg literarisch verewigt. Dort konnte man Sigmund Freud beim Kartenspielen beobachten und Leo Trotzki, der sich damals noch Bronstein nannte, beim Schach zusehen. Die Anekdote berichtet, daß der

Eingang zum weltberühmten venezianischen Café Florian am Markusplatz.

Sekretär des k.u.k. Außenministers im Oktober 1917 zu seinem Chef ins Zimmer stürmte und erregt von einer Revolution in Rußland berichtete; woraufhin ihn der Minister, ohne von seinen Akten aufzublicken, zerstreut besänftigte: „Gehn S', gehn S', wer soll denn in Rußland Revolution machen? Vielleicht der Herr Bronstein aus dem Café Central?!"
Das Central, so Alfred Polgar, war „nämlich kein Caféhaus wie andere Caféhäuser, sondern eine Weltanschauung, und zwar eine, deren innerster Inhalt es ist, die Welt nicht anzuschauen". Denn drinnen hatte man genau die, die man brauchte.
Der Feuilletonist Polgar, der eine ganze „Theorie" darüber verfaßte, lieferte damit eine ungemein pointierte Beschreibung des Cafés und seiner Gäste: „unterm wienerischen Breitengrad am Meridian der Einsamkeit" gelegen, war das Central ein Sammelpunkt für „Leute, deren Menschenfeindlichkeit so heftig ist wie ihr Verlangen nach Menschen, die allein sein wollen, aber dazu Gesellschaft brauchen ... Es sind unklare Naturen, ziemlich verloren ohne die Sicherheiten, die das Gefühl gibt, Teilchen eines Ganzen (dessen Ton und Farbe sie mitbestimmen) zu sein. Der Centralist ist ein Mensch, dem Familie, Beruf, Partei solches Gefühl nicht geben: hilfreich springt da das Caféhaus als Ersatztotalität ein, lädt zum Untertauchen und Zerfließen. Verständlich also, daß vor allem Frauen, die ja niemals allein sein können, sondern hierzu mindestens noch einen brauchen, eine Schwäche für das Central haben ... Es ist ein rechtes Asyl für Menschen, die die Zeit totschlagen müssen, um von ihr nicht totgeschlagen zu werden ... stellt also eine Art Organisation der Desorganisierten dar. In diesem gesegneten Raum wird jedem halbwegs unbestimmten Menschen Persönlichkeit kreditiert – er kann, bleibt er nur im Weichbilde des Caféhauses, mit diesem Kredit seine sämtlichen moralischen Spesen bestreiten – und jedem, der Verachtung bezeugt vor dem Gelde der anderen, die Unbürgerkrone aufgesetzt. – Der Centralist lebt parasitär auf der Anekdote, die von ihm umläuft. Sie ist das Hauptstück, das Wesentliche. Alles übrige, die Tatsachen seiner Existenz, sind Kleingedrucktes, Hinzugefügtes, Hinzuerfundenes, das auch wegbleiben kann. – Die Gäste des Café Central kennen, lieben und geringschätzen einander. Auch die, die keinerlei Beziehung verknüpft, empfinden diese Nichtbeziehung als Beziehung, selbst gegenseitiger Widerwille hat im Café Central Bindekraft ... Der richtige Centralist führt das Privatleben der anderen und treibt mit dem eigenen keine Hehlerei. Das schafft, unterstützt von der ortsüblichen Neigung zum Selbstspott und zur gelassenen Preisgabe der eigenen Schwächen, eine Sphäre verschwebender Gemütlichkeit, in der jederlei Prüderie welkt und abstirbt ...
Teilhaftig der eigentlichsten Reize dieses wunderlichen Caféhauses wird allein der, der dort nichts will als dort sein. Zwecklosigkeit heiligt den Aufenthalt. Der Gast mag vielleicht das Lokal gar nicht und mag die Menschen nicht, die es lärmend besiedeln, aber sein Nervensystem fordert gebieterisch das tägliche Quantum Centralin. Mit Gewöhnung allein ist das kaum zu erklären ... Also was denn ist es? Das Fluidum! Ich kann nur sagen: das Fluidum!" Von Alfred Polgar stammen viele unsterbliche generelle Aussprüche über das Wiener Kaffeehaus; zu zwei Stammgästen irgendeines Cafés bemerkte er einmal: „Seit zwei Jahren sitzen die zwei, jeden Tag stundenlang, ganz allein im Kaffeehaus. Das ist eine gute Ehe! Nein, das ist ein gutes Kaffeehaus."
Bis zum Ende des Ersten Weltkrieges behielt das Central seine entscheidende Funktion im Wiener Kulturleben.
Dann wurde es abgelöst durch das ebenfalls in der Herrengasse gelegene Café Herrenhof, und Anton Kuh berichtete von diesem Wechsel: „Denn kurz und gut, zwei Tage später saß alles, was politisch

und erotisch revolutionär gesinnt war, drüben im neuen Café – die Mumien blieben im alten."

Während sich die bildenden Künstler im Café Museum, viele Journalisten im Café Rebhuhn und alle zwischendurch auch mal im etwas anrüchigen Café de l'Europe, teilweise im feinen Café des Hotels Imperial und auch anderen Caféhäusern trafen, stellte das Herrenhof das letzte große Wiener Literatencafé dar.

Es übernahm einen Großteil der „Centralisten" und konnte ferner mit so bekannten Stammkunden wie Hermann Broch, Robert Musil und Joseph Roth aufwarten. Wobei, wie wir von Friedrich Torberg wissen, zu den typischen Merkmalen eines Stammgastes die Behauptung gehörte, keiner zu sein – „was mit gleicher Beharrlichkeit sonst nur Betrunkene von sich behaupten". Als Beispiel nennt Torberg den Prager Ernst Polak, dessen erste Ehefrau Kafkas Milena war, und der seinen täglichen Besuch im Herrenhof mit der Bemerkung einleitete, daß er nur ausnahmsweise gekommen sei und gleich wieder fort müsse, „weil er seine Zeit nicht mit unnützem Herumsitzen und Herumreden vergeuden wolle. Er blieb dann meistens bis zur Sperrstunde, deren Ankündigung durch den Oberkellner Albert ihm ein entsetztes ‚Was – schon?!' entlockte."

Die vielen Stunden im Café vertrieben sich seine Bewohner unter anderem mit ausgedehnten Diskussionen und, kreativ wie viele von ihnen waren, diversen ergötzlichen Spielen, die immer wieder neu erfunden wurden und für das Publikum einen immensen Unterhaltungswert darstellten. „Spiele solcher und ähnlicher Art", erinnert sich Torberg, „erfreuten sich in den Diskussionspausen großer Beliebtheit. Ein von Alfred Polgar erfundenes hieß ‚Der Erzherzog wird geprüft' und wurde von zwei Partnern gespielt. Der eine übernahm die Rolle eines prüfenden Geschichtsprofessors und mußte sich für den hochgeborenen Prüfling eine so leichte Frage ausdenken, daß sie selbst von einem geistig zurückgebliebenen Kleinkind unmöglich falsch beantwortet werden konnte. Der Prüfling stand sodann vor der schwierigen Aufgabe, dennoch eine falsche Antwort zu geben, und der Professor vor der noch schwierigeren, diese Antwort nicht nur als richtig anzuerkennen, sondern auch zu begründen, warum sie es war. Gelang ihm das nicht, hatte er verloren.

Musterbeispiel einer vom prüfenden Professor gewonnenen Runde: ‚Kaiserliche Hoheit, wie lange dauerte der Dreißigjährige Krieg?' – ‚Sieben Jahre.' – ‚Richtig! Damals wurde ja bei Nacht nicht gekämpft, womit bereits mehr als die Hälfte der Kriegszeit wegfällt. Auch an Sonn- und Feiertagen herrschte bekanntlich Waffenruhe, was abermals eine ansehnliche Summe ergibt. Und wenn wir jetzt noch die historisch belegten Unterbrechungen und Verhandlungspausen einrechnen, gelangen wir zu einer faktischen Kriegsdauer von genau sieben Jahren. Ich gratuliere!'

Eine vom prüfenden Professor verlorene Runde begann mit der Frage: ‚Wie heißt unser Kaiser Franz Joseph?' Die ebenso prompte wie rätselhafte Antwort ‚Quarz!' begrüßte der Professor noch mit dem vorgeschriebenen ‚Richtig!', konnte aber ihre Richtigkeit nicht mehr beweisen. Der Erzherzog hatte gewonnen."

Vom typischen Stammgast und seinen Betätigungen zu den typischen Merkmalen des Kaffeehauses – es wird wirklich höchste Zeit, daß wir uns mit einem Kapitel auseinandersetzen, das gerade im Wiener Kaffeehaus – und besonders im Herrenhof – eine zwar oft untergeordnete, aber dennoch sehr prägende Rolle einnahm: mit dem Kaffee und seinen Varianten.

Natürlich konnte und kann man in Wien nicht einfach einen Kaffee bestellen. Das, so Torberg, käme dem befremdlichen Verhalten eines Reisenden gleich, der bei einer Reederei schlicht ein Ticket für „ein

Mit dem Cappuccino bringt er die Eintrittskarte zur prächtigen „Bühne“ der Piazza San Marco – Kellner im Café Florian.

FLORIAN

Schiff" verlangte. Die Zahl der Sorten und Zubereitungsarten Wiener Kaffees geht weit über das anderswo bekannte Maß hinaus, und dazu kommen noch unterschiedliche Größen und Mischungsverhältnisse. Die Quantitäten – von der Nußschale über den Piccolo bis zur Teeschale (die ebenfalls Kaffee enthält) – waren noch am einfachsten auseinanderzuhalten und haben sich heute auf die Angaben „groß" und „klein" reduziert; schwieriger wurde es bei der Auswahl der Arten, die noch immer erstaunlich umfangreich ist. Ein „Schwarzer", Mokka oder „Brauner" (mit Milch) bedarf keiner Erläuterung, die berühmte „Melange" wird – ähnlich dem italienischen Cappuccino – mit geschäumter Milch und manchmal mit Schlagobers serviert, verschiedene „Verlängerte" sind ganz einfach mit mehr Wasser zubereitet; ein „Einspänner" ist ein Schwarzer im Glas mit reichlich Schlagobers, der „Kapuziner" ein Schwarzer mit etwas Obers, und der „Mazagran" enthält kalten Kaffee oder Mokka mit Eiswürfeln und einem Schuß Rum; bei einem „Kaffee verkehrt" bekommt man mehr Milch als Kaffee, und der „Türkische" – langsam vom Espresso verdrängt – wird in einer Kupferkanne gekocht und (sehr heiß) serviert. Die Mischungsverhältnisse von Kaffee und Milch waren früher sehr viel differenzierter; man verlangte seinen Braunen „mehr licht" oder „mehr dunkel", und Friedrich Torberg berichtet von einem ehrgeizigen Kellner des Herrenhof, der sogar eine Lackierer-Farbskala mit zwanzig numerierten Braunschattierungen bei sich trug: „Bestellungen und Beschwerden erfolgten dann nur noch unter Angabe der Nummer; ‚Bitte einen Vierzehner mit Schlag!' oder ‚Hermann, was soll das? Ich habe einen Achter bestellt, und Sie bringen mir einen Zwölfer!'"

Das Herrenhof scheiterte schließlich am „Dritten Reich" und dem Zweiten Weltkrieg, verlor die meisten seiner Gäste, die sich entweder im Exil aufhielten oder gestorben waren, und teilte damit das Schicksal der anderen großen europäischen Künstler- und Literatencafés. Es existierte zwar noch bis 1960, aber nicht mehr in der alten Form.

Wenn seit Jahren vom Untergang der Kaffeehäuser – in Wien und anderswo – die Rede ist, so sind damit in erster Linie diese Treffpunkte der internationalen Boheme gemeint. Zwangsläufig waren immer und überall die Literatencafés die berühmtesten, denn es waren natürlich die Autoren und Feuilletonisten, die über die Kaffeehäuser schrieben, und sie berichteten fast ausschließlich über ihre eigenen Lieblingsaufenthaltsorte und die ihrer Freunde und Feinde. Aber Cafés gibt es wie Sand am Meer, auch heute sind sie noch sehr zahlreich und erfreuen sich nach wie vor großer Popularität. Auch die seit langem etablierten „Espressi" stellen keine echte Konkurrenz dar. Ins Wiener Espresso geht man, wenn man es eilig hat und tatsächlich nur einen Kaffee trinken will – allerdings bemühen sich seit geraumer Zeit auch diese Lokale um Kaffeehausgäste, indem sie bequemere Sitzgelegenheiten und Zeitungen anbieten.

Und sollten sie damit letztlich Erfolg haben, wäre es wiederum derjenige des alten Wiener Kaffeehauses.

Wie ehedem gibt es auch in Wien viele Cafés, die einen internationalen Ruf haben, die alte Kaffeehaustradition pflegen und zu den beliebtesten Anlaufstätten der Stadt zählen. In den meisten liegen noch immer die wichtigsten Zeitungen aus, sie servieren ihr wenn auch geschrumpftes, so doch vergleichsweise breites Angebot an Kaffee-Variationen und das obligatorische Glas Wasser, das allerdings nur noch selten ungefragt erneuert wird; auch dazu existieren übrigens verschiedene Erklärungen: Die einen behaupten, das Wasser diene schlicht zur Verdünnung der Magensäure und damit einer besseren Bekömmlichkeit des Kaffeekonsums; oft hört man aber auch, es symbolisiere den alten Dorfbrunnen, an dem jeder Durchreisende kostenlos

seinen Durst stillen kann; mit Gastfreundschaft hat es ganz sicherlich etwas zu tun; denn solange man noch etwas vom berühmten Wasser aus dem Wienerwald vor sich stehen hat, gilt man auch ohne neue Bestellungen als willkommener Gast des Hauses.
Doch zurück zum heutigen Wien: Natürlich gibt es wie in alten Zeiten – und inzwischen sogar wieder verstärkt – die unzähligen kleinen Cafés, die kaum in den Schlagzeilen oder Reiseführern zu finden sind, aber mindestens genauso zur Stadt gehören wie ihre großen Geschwister.
Noch immer geht man in Wien vom Burgtheater ins gegenüberliegende Café Landtmann, ein gepflegtes Kaffeehaus alten Stils, und es gibt auch noch etliche der schon von früher her bekannten Treffpunkte wie das Café Museum beim Karlsplatz, wo ehemals Klimt und Kokoschka ihre Stammtische hatten und das heute ein gemischtes intellektuelles Publikum anzieht, kaum nennenswert renoviert wurde und nach wie vor eigens Räume für Schach, Bridge – und inzwischen auch Fernsehen! – reserviert. Interessant ist, daß im Café Museum – wie früher – (nur) unbekannte Künstler ausstellen dürfen. Auch das Frauenhuber, in dem schon Mozart und Beethoven spielten, wird von den Wienern immer noch sehr geschätzt. Das 1880 gegründete Café Sperl jenseits des Rings in der Gumpendorfer Straße wurde vor einiger Zeit aufwendig restauriert; ebenso das alte Café Central, das nach jahrelanger Renovierung im Herbst 1986 am ursprünglichen Standort neu eröffnet wurde; jetzt wird man nach Betreten der Säulenhalle von seinem einstig treuesten und legendärsten Stammgast begrüßt: Peter Altenberg, fast glaubt man es, sitzt gleich rechts neben dem Eingang an einem alten Marmortisch – als Pappmaché-Figur, die täuschend echt wirkt. Aber diese erhaltenen alten Wiener Institutionen sind wahrlich keine Wachsfigurenkabinette, und man sollte ihnen wünschen, daß sie sich auch in den kommenden Jahrzehnten noch oder wieder großer Beliebtheit erfreuen.
Auch das Raimund existiert noch, ebenso das Schwarzenberg, das Korb und die Cafés Mozart – wo dieser nach dem Mittagessen Billard spielte – und Tiroler Hof bei der Oper. Das Hotel-Café Imperial gehört wie das weltberühmte Sacher zu den feinen Etablissements der Stadt, die zu einem Muß für die Touristen geworden sind und ihre legendären Torten in alle Welt verschicken. Sie allerdings zählen zu einer Grenzkategorie: dem Konditorei-Café, das einige Merkmale des Kaffeehauses aufweist, aber trotzdem einen eigenen Stil hat und entsprechend oft anderes Publikum anzieht. In diese Gattung fallen auch so beliebte Häuser wie das Wien-Oberlaa und die ehemaligen k.u.k. Hofzuckerbäckermeister Heiner und Gerstner in der Nähe des Stephansdoms.
Und: der Demel. „Dem Artikel kommt hier durchaus die Funktion einer verehrungsvollen Liebkosung zu, wie sie sonst nur den großen Theaterlieblingen entgegengebracht wird ... man sagt ‚der Demel‘. Man sagt: ‚Gehen wir zum Demel‘, oder: ‚Wir treffen uns um halb fünf beim Demel‘. Richtige Demel-Besucher sagen nicht einmal das. Sie begnügen sich mit einem simplen ‚Wir treffen uns um halb fünf‘“, bemerkt Friedrich Torberg, und dem ist eigentlich nichts hinzuzufügen. Der Demel gehört zur Stadt wie das Burgtheater und ist wie dieses zu einer Legende geworden.
Sein alter Streit mit dem Sacher über das exklusive Tortenrezept hat auch nichts daran geändert. Der ist ebenfalls Legende. Und gehört damit zu Wien. Beim Demel zu sitzen, eine Melange zu trinken und sich von einer der schwarzgekleideten „Demelinerinnen“ das wunderbare Teegebäck bringen zu lassen, ist Wien pur. Bei diesen Damen in ihren altmodischen Schwesterntrachten herrschten besondere Sitten (die bei Stammgästen noch heute zutreffen mögen) – sie bedienten nicht etwa ein bestimmtes Revier, sondern teil-

Das traditionsreiche Café Sperl in Wien.

CAFÉ
Sperl

ten die Gäste unter sich auf, „und zwar ein für allemal“, wie Friedrich Torberg mit Nachdruck schildert: „Man gehört – gleichgültig, an welchem Tisch man sitzt – einer bestimmten Servierdame und nur ihr. Dieses Zugehörigkeitsverhältnis wird desto unerbittlicher beobachtet, je richtiger man ein Demel-Besucher ist. Wenn ein Gast der Frau Paula gehört, wagt kein Fräulein Grete und keine Frau Berta, ihn zu bedienen – es sei denn, die Frau Paula hätte heute ihren freien Tag. Davon macht man ihm dann auch allsogleich Mitteilung, damit er nicht erschrickt und sich getrost einer andern überläßt. Für ganz besonders richtige Demel-Besucher steht eine Ersatzhierarchie bis ins dritte Glied bereit. Höchstens im Falle einer Epidemie könnten sich da noch kleinere Unzukömmlichkeiten ergeben ... Die Frau Paula ist für mich mit dem Begriff Demel identisch, wie mein Kinderfräulein für mich mit dem Stadtpark identisch war und später mein gütig blinzelnder Lateinprofessor mit dem Gymnasium (oder doch mit seinen schöneren Stunden). Und dementsprechend behandelt sie mich auch.“ Als Torberg ein paar Jahre nach Kriegsende aus dem Exil zurückkehrte, sollte er auch seine Frau Paula nach langer Zeit wiedersehen: „Überflüssig zu sagen, daß der Weg zum Demel sich unter meinen ersten Wegen befand. Ich setzte mich an einen nahe beim Eingang gelegenen Tisch und wartete, nicht gänzlich ohne Herzklopfen, bis die Frau Paula sich zeigen würde (daß es sie noch gab, hatte ich schon vorher erkundet).
Sie tauchte auch bald durch die Schwingtüre auf, hinter deren milchig gläsernen Flügeln die geheimnisvollen Gefilde der Zuckerbäckerei beginnen – tauchte auf und hielt inne, und jetzt, so dachte ich, würde geschehen, was unter ähnlichen Umständen damals schon mehrfach geschehen war: die Wiedersehensfreude, echt oder vorgetäuscht, pflegte ihre herkömmlichen Formeln zu finden, ging in allerlei Fragen und Antworten über, mischte sich mit allerlei Seufzern und Reminiszenzen, und nach ein paar Minuten war's vorbei.
Nichts Derartiges schien sich anbahnen zu wollen. Sondern die Frau Paula war wieder in die Küche verschwunden, und ich begann mich mit der trüben Möglichkeit abzufinden, daß sie mich nicht erkannt hätte. Schließlich lag ja mein letzter Besuch beim Demel schon mehr als ein Jahrzehnt zurück.
Aber da stand die Frau Paula an meinem Tisch, stellte einen hohen, mit unverkennbar Köstlichem gefüllten Kelch vor mich hin, dessen Inhalt sich nachmals als ‚Crème Grenoble‘ erwies, und sagte:
‚Ich glaub, das haben S' noch nicht gehabt.‘
Das war alles, was sie sagte. Und es genügte vollauf, um das Jahrzehnt meines Fernseins wegzuwischen.“
Und obwohl Hans Weigel, eine weitere in Wien ansässige Institution und Verfechter einer Revitalisierung des Wiener Cafés, davor warnt, beim „echten“ Kaffeehaus „der Konditorei zu nahe zu kommen“, ist die Wiener Kaffeehauskultur ohne den Demel und seine Besonderheiten nicht denkbar.
Weigel machte ein anderes Café bekannt, als er einen Geheimtip an Freunde weitergab: das Café Hawelka, das, so klein es ist, seit nunmehr rund vierzig Jahren im Wiener Kaffeehausleben eine unumstritten große Rolle spielt. Wer nach dem Krieg nach Wien zurückkam, fand sich auch irgendwann in der Dorotheergasse wieder – und blieb. Das Hawelka wurde zum Künstler- und Literatencafé mit Stammgästen wie Torberg, Weigel, Hilde Spiel, H. C. Artmann, André Heller, Ernst Fuchs, Elias Canetti, Pavel Kohout, Helmut Qualtinger und Hans Jürgen Syberberg und der „frequentiertesten Telefonzelle der Stadt“, die auch dazu diente, angerufen zu werden. In den sechziger Jahren „folgten Neugierige, die Künstler und Literaten aus der Nähe ansehen wollten. Und dann kamen solche, welche als Künstler und Literaten ange-

sehen werden wollten", resümiert Weigel. So wurde das kleine Café zu einer Touristenattraktion, dessen Ambiente eben dadurch gefährdet schien. Es hat sich aber behaupten können, und Leopold und Josefine Hawelka bewahren mittlerweile mehr als ein Dutzend Gästebücher auf. Sogar Fürstin Gracia von Monaco war bei ihnen zu Gast: „In Wien wollte sie zwei Orte besuchen: die Hofreitschule und das Hawelka." Das Hawelka ist auch berühmt für seine warmen Buchteln, die am späteren Abend serviert werden, und für seine großzügigen Öffnungszeiten – es schließt erst um zwei Uhr morgens und ist dadurch eines der wenigen wirklichen Nachtcafés. Die Hawelkas haben es in all den Jahrzehnten nicht renovieren lassen – zu oft blieb woanders das Stammpublikum weg, wenn die Patina der frühen Jahre verlorengegangen war. Prominenz trifft man dort immer noch hin und wieder, oft auch die Kinder früherer bekannter Stammgäste. Das übrige Publikum ist ähnlich wie im gemütlichen Café Diglas hinterm Stephansdom – sehr gemischt und zum großen Teil studentisch-alternativ. Ein interessanter Zuwachs der Wiener Kaffeehausszene ist das Sezessions-Café, im Souterrain des 1898 von Joseph Olbrich errichteten Sezessionsgebäudes beim Karlsplatz. Es ist ein ultra-modernes Café, überwiegend aus Spenden finanziert, dessen durchgestyltes Interieur aus ausgefallenen Einzelstücken besteht.
Die Entwicklung des Wiener Kaffeehauses ist symptomatisch für diejenige der meisten Cafés, wenn auch nicht in allen Punkten vergleichbar. Nirgends war diese Kultur so ausgeprägt wie hier, und nirgends ist sie einerseits derart zur Legende geworden und hat sich andererseits so stark bis heute behaupten können.

Den Wiener Cafés verwandt waren die bekannten Kaffeehäuser in Prag und Budapest mit ihren literarischen und anderen Stammtischen. Auch Prag hatte sein Café Central, wo sich der „Prager Kreis" um Rainer Maria Rilke, Max Brod, Franz Kafka und Egon Erwin Kisch versammelte. Es hatte das Café Arco, das die Nachfolge des Central antrat und zu seinen Gästen dann auch Franz Werfel zählte, was den Volksmund (und laut Torberg nicht etwa Karl Kraus!) zu dem spöttischen Kommentar „und es kafkat und werfelt und brodelt und kischt" veranlaßte, wenn er über die „Arconauten" sprach, wie Karl Kraus die Gäste dieses Cafés bezeichnete. Und schließlich gab es das „Conti", das Café Continental, das wiederum das Arco ablöste und dessen Garderobier Hahn noch bekannter war als seine Stammgäste, die sich zum großen Teil aus den Redaktionsstäben des „Prager Tagblatts" und der „Bohemia" rekrutierten. Es galt als Auszeichnung, von Hahn keine Garderobenmarke zu bekommen – dann war man akzeptiert, denn zum Wiederauffinden der Kleidungsstücke dienten ihm diese Zettel nicht. – Die Prager Großfinanz wiederum versammelte sich im Café Savarin am Graben, und allseits beliebt war das Café Urban am Wenzelsplatz.
Das berühmteste Budapester Kaffeehaus war das Ende letzten Jahrhunderts gegründete „New York", das nach dem Zweiten Weltkrieg in „Café Hungaria" umbenannt wurde. Mit seinem prunkvollen Interieur, den Spiegeln, Fresken, Bronzefiguren und venezianischen Lüstern galt es lange Zeit als schönstes Kaffeehaus der Welt. Noch in den sechziger Jahren traf sich dort allwöchentlich ein Literaturzirkel, der erst umzog, als das Café 1970 geschlossen und jahrelang restauriert wurde. Schriftsteller sieht man heute meist im „Café Innenstadt". Ein schönes und sehr beliebtes Budapester Kaffeehaus ist das Vörösmarty, das ehemalige Konditorei-Café Gerbeaud, dessen Ausstattung noch aus dem 19. Jahrhundert stammt.

Einige der Wiener und Prager Kaffeehausbewohner waren zeitweilig auch in den

Im Wiener Kaffeehaus spielt man Billard, Karten und Schach.

Die Ruhe und Besonnenheit des Billardspiels passen ins Wiener Café.

Münchner Cafés anzutreffen, was auch daran lag, daß München – vor allem am Anfang unseres Jahrhunderts – viele Künstler und Literaten anzog, als es noch „leuchtete". Schon vorher hatten sich Poeten im Café getroffen, wie der Dichterkreis um Paul Heyse – „die Krokodile", jedes Mitglied hatte einen anderen Reptiliennamen – im Kaffeehaus Zur Stadt München.
Ein geistiger Mittelpunkt Deutschlands um die Jahrhundertwende wurde das Café Stefanie, das mit internationalen Zeitungen, Billardtischen, Schachspielen, dem Glas Wasser und seinem ganzen Stil beste Wiener Kaffeehaustradition pflegte und wegen der vielen echten und angeblichen Genies, die es aufsuchten, auch „Café Größenwahn" genannt wurde. Es war die Zeit der Kunstrevolutionen, der literarischen Kabaretts und der Witzblätter, und alle, die irgendwie daran beteiligt waren, ließen sich in diesem Schwabinger Café von Oberkellner Arthur und Buffetdame Molly verwöhnen: Thomas Mann, August Strindberg, Frank Wedekind und Roda Roda, die für den „Simplizissimus" schrieben, neben Heinrich Mann, Max Halbe, Ernst Toller und Erich Mühsam; die Maler des „Blauen Reiter" – die auch zu den Stammgästen des Café Luitpold zählten – genauso wie der Kreis um Stefan George, dazu Rilke, der Lou Andreas Salomé besuchte; Hermann Bahr und Peter Altenberg aus Wien; und Franziska Gräfin zu Reventlow, die mit ihren Freundinnen zu den ersten Frauen gehörte, die allein ein Café betraten. Halbe und Wedekind lasen ihre Stücke auch im Café Minerva beim Dichterverein „Nebenregierung". Das Münchner Café Größenwahn, mit seiner Öffnungszeit bis drei Uhr morgens auch ein Nachtcafé, behielt seine Bedeutung bis zum Ersten Weltkrieg und wurde im Zweiten zerstört.
Die Münchner liebten auch die anderen Schwabinger Cafés und diejenigen im

Hofgarten – das Annast ist noch immer ein beliebter Treffpunkt; die Stadt hat viele geschätzte Cafés – das Venezia steht unter Denkmalschutz, im Café Reitschule befindet sich die ehemalige Einrichtung des Wiener Cafés Gröpl. Wie keine zweite deutsche Stadt ist München ein Ort der „In-Lokale"; und so trifft sich auch die Schickeria sonntags zum Frühstück in ihren jeweils „angesagten" Cafés. Eine „richtige" Caféhaus-Stadt ist München indessen nie wirklich gewesen – das Stefanie und wenige andere waren einmalige große Ausnahmen.

Im deutschsprachigen Raum war neben Wien Berlin die zweite Metropole mit einer echten großen Caféhaus-Kultur. Zwei seiner Cafés gingen in die Geschichte – und, wie meist gleichzeitig, in die Literaturgeschichte – ein: das Café des Westens und das Romanische Café, die ihre Blütezeit nacheinander in unserem Jahrhundert hatten. Aber auch das Berliner Caféhaus blickt auf eine längere Tradition zurück, wenn auch nicht vergleichbar mit derjenigen Wiens.
Vorläufer der Literatencafés waren in Berlin die Salons, die Mitte des 18. Jahrhunderts vom Buchhändler Friedrich Nicolai und dem Buchhalter und Geschäftsmann Moses Mendelssohn ins Leben gerufen worden waren und ihre große Zeit unter Rahel Levin (Varnhagen von Ense), Bettina von Arnim und Henriette Herz erlebten. Um Rahel und Bettina sammelte sich die junge revolutionäre Literatur, wie später auch bei Fanny Lewald. Gerade für die Frauen spielte diese Entwicklung eine bedeutende Rolle, und die literarischen Salons wurden zu Vorboten der modernen Gesellschaft. Im Salon der Schwestern Bardua, „Der Kaffeter" genannt, trafen sich bis 1848 die „Kaffeologen", es gab Kaffee und Kuchen sowie Kaffeekannenorden und silberne Kaffeelöffel für dichterische Verdienste. Ganz in der Nähe, gegenüber dem Schauspielhaus, befand sich damals das Künstlercafé Stehely, in dessen „Roter Stube" Karl Marx mit anderen Liberalen und Radikalen verkehrte und in dem Heinrich Heine sich mit Karl Gutzkow traf, der es als „Revolutionsherd der vormärzlichen Zeit" bezeichnete. Ein ähnliches Publikum versammelte sich damals auch in den Kaffeehäusern im Tiergarten. Heines Berliner Briefe besagen allerdings, daß er sich vorzugsweise im Josty am Potsdamer Platz – der hervorragenden Baisers wegen – und vor allem im Café Royal Unter den Linden aufhielt: „Ein schönes Lokal; vorn das splendideste Kaffeehaus Berlins, hinten die schöne Restauration. Ein Versammlungsort eleganter, gebildeter Welt. Sie können hier oft die interessantesten Menschen sehen." So zum Beispiel E.T.A. Hoffmann, der auch im Stehely verkehrte. Häufiger Stehely-Gast wurde ebenfalls Theodor Fontane; ganz besonders schätzte er aber die Schweizer Lese-Konditorei Spargnapani, nach der er in England richtiges Heimweh empfand – „ganz London für deine kleinste Tasse Kaffee" – und das Lese-Kaffeehaus Kranzler in der Friedrichstraße, wo er – auf dessen Wunsch hin – auch mit Storm frühstückte: „Ich bekenne, daß ich ein wenig erschrak. Storm war wie geschaffen für einen Tiergartenspaziergang an dichtbelaubten Stellen, aber für Kranzler war er nicht geschaffen. Ich seh ihn noch deutlich vor mir. Er trug leinene Beinkleider und leinene Weste von jenem sonderbaren Stoff, der wie gelbe Seide glänzt und sehr leicht furchtbare Falten schlägt, darüber ein grünes Röckchen, Reisehut und einen Schal ... ‚Könnten wir nicht lieber zu Schilling gehen; da sind wir allein, ganz stille Zimmer.' Aber mit der Ruhe des guten Gewissens bestand er auf Kranzler. En avant denn ... Ich war froh, als wir nach einer halben Stunde wieder heil heraus waren."
Es gab natürlich noch viele andere Cafés, die die Berliner und ihre zahlreichen Besucher schätzten, das Bauer, das Dobrin, das Gumpert am Alexanderplatz,

Noch einmal schnell lüften, gleich duftet's nach Kaffee – Kleines Café in Wien.

Der Demel – eine der schönsten, wichtigsten und bekanntesten Wiener Institutionen.

F - ZUCKERBÄCKER
Nº
14

Das Wiener Café Schwarzenberg am Kärntner Ring.

das später von Döblin beschrieben wurde, um nur wenige zu nennen.
Ein außergewöhnliches Caféhaus, das internationalen Ruf genoß und ein entsprechendes Publikum anzog, war das Café des Westens, um die Jahrhundertwende zunächst als „Kleines Café" gegründet und später neben demjenigen in München als das andere deutsche „Café Größenwahn" bekannt. Zum Teil hatte es auch dieselben Gäste: unter anderem die Maler des „Blauen Reiter", Wedekind sowie Rilke, der Lou Andreas-Salomé auch nach Berlin folgte, und den Kabarettisten und politischen Publizisten Erich Mühsam, der in der „Berliner Illustrirten" über sich und seinesgleichen schrieb: „Was in München das Café Stefanie, das ist in Berlin das Café des Westens … Da sitzen sie – die Bohemiens und die, die sich dafür halten. Was sie tun? Nun – sie trinken schwarzen Kaffee oder auch Absinth, rauchen Zigaretten, reden über Ästhetik und Weiber, stellen neue Lehren auf und paradoxe Behauptungen, schimpfen über den Staat und die Banausen, pumpen sich gegenseitig an und bleiben die Zeche schuldig …
Das sind catilinarische Existenzen, Dichter, Maler, Bildhauer, Architekten oder was noch immer – man muß doch für sein Nichtstun einen Namen haben …"
Es war kein elegantes Café mit seinem unauffälligen Interieur, und man konnte bis fünf Uhr morgens bei einer Tasse Kaffee sitzen, die man Stunden vorher bestellt hatte. Auch einige Prager Autoren fanden sich dort ein, und die Wiener, wenn sie in Berlin weilten, ohnehin.
Der Maler Ludwig Meidner, der wie sein Tischgenosse René Schickele auch in Pariser Cafés zuhause war und viele der „Größenwahn"-Stammgäste porträtierte, beschreibt in seinen Erinnerungen besonders den Zeitungskellner, „der alle kannte und stets eingeweiht war in die Sorgen und Klatschereien der wichtigsten Besucher". Zu letzteren zählten die

Was braucht man mehr? Kleiner Brauner im Schwarzenberg.

Expressionisten um Herwarth Walden, der hier seine Zeitschrift „Der Sturm“ konzipierte und an seinem runden Marmortisch auch die „Blauen Reiter“ sowie Chagall und Kokoschka empfing, die Kabarettisten Wolzogen und Max Reinhardt, die hier über ihren Projekten „Überbrettl“ und „Schall und Rauch“ brüteten. Zu den treuesten Gästen, die das Café an der Ecke Kurfürstendamm/ Joachimsthaler Straße auch als Postadresse nutzten, zählte Waldens erste Ehefrau Else Lasker-Schüler; hier lernte sie Gottfried Benn kennen, und so wiederum stieß dieser zu den Expressionisten. Auch der Autor Max Krell, der später in den zwanziger Jahren als Lektor und literarischer Berater zu Ullstein ging und in dieser Funktion mehrere große Schriftsteller – wie zum Beispiel Remarque – entdeckte und förderte, gehörte zum Stammpublikum: „Das Café war schon am späten Vormittag voll besetzt, mit einer Einschränkung: An jedem der runden Marmortischchen saß nur ein Gast, denn hier wurde gearbeitet. Es konnte geschehen, daß ein unfreundliches Knurren laut wurde, wenn selbst ein guter Freund Miene machte, sich zu einem Schwatz niederzulassen. ‚In Wochenstuben stört man nicht‘, pflegte Wolfgang Götz zu sagen. Da saß stirnzerfurcht Leonhard Frank und schrieb an seinem Roman ‚Die Räuberbande‘. Da saß Schachweltmeister Emanuel Lasker, klein und immer mit seinem Schnurrbart beschäftigt, umtürmt von den neuesten Journalen, aus denen er bienenfleißig die Winkelzüge der Konkurrenz in Moskau und San Sebastian exzerpierte. Auf allen diesen Journalen, die ihm der bucklige, rothaarige Zeitungskellner Richard ehrerbietig als erstem hinlegte, prangte der Stempel ‚Gestohlen im Café des Westens‘; nicht weil wirklich gestohlen wurde, sondern weil die Schüler Balzacs und Ibsens eine Zehnzeilennotiz ausschnitten, aus der sich vielleicht eine dramatische

Ruhige Zeitungslektüre im Wiener Café – die Auswahl ist groß, die Zeit bringt man mit.

Frankfurter
Real: 45 Minuten
Wiener Austria
ein Superspiel
Kein Begriff

Noch immer geht man vom Burgtheater ins gegenüberliegende Café Landtmann.

Das Café Hawelka – Nachfolger der legendären Wiener Künstlercafés.

Fabel entwickeln ließe, zum Nachteil der Späterkommenden…
Dann flockte und schneite die weibliche Jugend herein… Elevinnen der Reinhardt-Schule, junge Kunstgewerblerinnen und Komparsinnen des eben aufstrebenden Films… Zur vollen Orchesterbesetzung schwoll das ‚Café des Westens' am späten Abend an, vor und nach dem Theater.
Da gab es keine Trennung der Generationen, der Stile, der Anschauungen, der Kunstsparten, und selbst die Träger von Frack und Abendkleid aus den Grunewaldvillen suchten an Premiereabenden Tuchfühlung mit den Habitués des Cafés. Vielleicht versprachen sie sich Groteskbilder aus dem Zoologischen Garten der literarischen und künstlerischen Fauna und wurden darin sicherlich enttäuscht, denn wir waren im Grunde genommen zivilisierte Leute."
1913 übersiedelte Krell mit den meisten anderen Gästen in das Romanische Café, als das Café des Westens nach Umzug und Renovierung nicht mehr das alte war, zu fein wurde und keinen Kredit mehr gewährte: „Kein Ort, Manuskripte auszubreiten, Marmorplatten zu bekritzeln, Thesengefechte zu führen."
Das Romanische Café wurde zum Berliner Caféhaus par excellence. Schräg gegenüber der Gedächtniskirche im romanischen Stil und mit großer überdachter Terrasse erbaut, zog es Leute unterschiedlichster Herkunft, Tätigkeit und Gesinnung an. Trifft man heute jemanden, der sich an diesen gegen Ende des Zweiten Weltkriegs zerstörten internationalen Sammelpunkt von Boheme, Literaten, Schauspielern, Malern und Politikern erinnert, so erzählt er darüber mit leuchtenden Augen, erregter Stimme und wehmütigen Worten – nie wieder hat es in Berlin einen solch spannenden, prominenten Schmelztiegel gegeben, eine derartige Informationsbörse, einen „Wartesaal des Genius", wie der Erzähler und Dramatiker Günther Birkenfeld das

Der wunderschöne und beliebte Arkadenhof des legendären und neueröffneten Café Central.

Der Ort für „Menschen, die allein sein wollen, aber dazu Gesellschaft brauchen".

Gedeck im Café Sperl – die berühmte Wiener Melange.

Romanische Café nannte; hier „traf sich alles, was zwischen Reykjavik und Tahiti von Beruf oder aus Liebhaberei mit den Musen und Grazien in irgendeiner Beziehung stand."
Das Romanische, eine Filiale des Hotels Kaiserhof und auch von dort mit Kuchen beliefert, hatte seinen langen Höhepunkt vor allem in der Dekade zwischen 1923 und 1933 und entsprach in Stil und Internationalität der Bedeutung Berlins, das 1920 viertgrößte Stadt der Welt war und stolz fünfzig aktive Bühnen und an die hundert Tageszeitungen aufweisen konnte. Hermann Kesten, der von 1927 bis 1933 in Berlin lebte, literarischer Leiter des Kiepenheuer-Verlages war und als solcher Anna Seghers entdeckte, mit der er sehr viel Zeit in Cafés verbrachte, war natürlich ebenfalls Stammgast im Romanischen; er nannte die Stadt „eine literarische Karawanserei". Für den amerikanischen Romancier Thomas Wolfe, der Berlin zwischen den Weltkriegen verschiedentlich besuchte, war der Kurfürstendamm damals „das größte Caféhaus Europas".
Längst gab es auch das beliebte Café Schilling, es gab das Möhring-Stammhaus an der Ecke Uhlandstraße, die beide auch viel Prominenz begrüßen konnten, das Kranzler hatte sich etabliert und das Kempinsky, das so beliebte Café Vaterland am Potsdamer Platz, im „Haus Vaterland", das zusätzlich ein Wiener Café mit Damenkapelle und eine türkische Kaffee-Bar beherbergte, und natürlich das Café Berlin am Zoo, wo man in offenen Etagen saß und auf die unten in der Mitte spielenden Musiker hinabblickte, und alle – und noch viel mehr – konnten im damaligen Berlin gut nebeneinander bestehen.
Die bekannten Gäste der Cafés, vor allem des Romanischen, hier aufzuzählen, wäre ein platzraubendes Unterfangen. Es ist, neben den vielen „echten" Berlinern und den gewöhnlichen Berlin-Besuchern, jeder regelmäßig, häufig oder gelegentlich

Das prunkvolle Café Hungaria in Budapest.

Auf der Galerie-Empore des Hungaria.

dort gewesen, der den erwähnten Kreisen angehörte und sich fest, zeitweilig oder vorübergehend in der Stadt aufhielt. Kisch, der „rasende Reporter", hatte in seiner Berliner Zeit ebenso seinen Tisch im Romanischen (den er nur mied, wenn sein Erzfeind Karl Kraus im Café auftauchte) wie Zuckmayer, der mit Krell befreundet war, als Dramaturg bei Max Reinhardt arbeitete und zeitweise auch die Cafés Odeon in Zürich und Royal in London bewohnte. Die Freunde Alfred Polgar und Egon Friedell sowie Anton Kuh, der im Hotel Adlon immer ein freies Zimmer hatte und dafür die Hotelgäste mit Anekdoten unterhalten mußte, saßen im Romanischen, wie Kestens Freunde Wolfgang Koeppen und der Literat und Kritiker Ludwig Marcuse, der sich überhaupt nur in „befreundeten Cafés" wohl fühlte: „‚Befreundet' waren alle, die von echten, falschen und feindlichen Freunden frequentiert wurden. Nur Cafés, in denen man auch die kennt, die man nicht kennt, ziehen mich an; sie sind die freieste Heimat…" Die Häuser der bekannten Verleger und Mäzene Rowohlt und Kiepenheuer wurden von Marcuse als die „anderen Heimaten" bezeichnet – „sie waren nichtöffentliche Cafés". Auch ihre Kollegen, die Cassirers und Ullsteins, spielten im Leben der Cafés eine bedeutende Rolle, teils persönlich, teils durch ihre Mitarbeiter vertreten. Und natürlich die Theaterwelt, allen voran der bissige Kritiker Alfred Kerr. Neben dem Romanischen Café war bei seinen Gästen auch das Café-Restaurant Schwannecke sehr beliebt, und natürlich die Mampe-Stuben, die aber nicht zu den Cafés zu zählen sind.

Nach dem Zweiten Weltkrieg war viel von der Berliner Caféhaus-Kultur verlorengegangen. Viele der Cafés, und vor allem sehr viele seiner Gäste. „Wir sahen die Terrasse und das Kaffeehaus wegwehen, verschwinden mit seiner Geistesfracht, sich in Nichts auflösen, als sei es nie gewesen, und es marschierten die

Hier saß schon Napoleon: Café Procope in Paris.

Standarten auf, die Bewegung bewegte sich... das Bethaus wurde entflammt, ein erstes Licht, das aufging, bevor die Stadt in Lichtern strahlte, und die Gäste des Cafés zerstreuten sich in alle Welt oder wurden gefangen oder wurden getötet oder brachten sich um oder duckten sich und saßen noch im Café bei mäßiger Lektüre und schämten sich der geduldeten Presse und des großen Verrates, und wenn sie miteinander sprachen, flüsterten sie, und wenn sie gingen, bereuten sie, daß sie selbst nur geflüstert hatten... jedermann zog aus, Mann, Weib und Kind und kam nicht wieder, und ich floh in einer Nacht im November durch die Kanäle der Stadt... und wußte, daß ich starb, in dieser Zeit... ich stieg aus dem Schacht, der Turm der Kirche war zerschmettert, und das romanische Haus mit dem Romanischen Café glühte, als leuchtete im Sieg die Oriflamme eines geheimen Vaterlandes." Diese tief betroffenen Worte stammen von Wolfgang Koeppen, der dem Romanischen Café eine eindrucksvolle literarische Skizze gewidmet hat.

Nur „Schilling" und „Möhring" überstanden den Krieg äußerlich fast unbeschadet. Noch immer tragen sie – heute beide unter Möhring-Verwaltung – entscheidend zum Bild des Kurfürstendamms und dem Reiz dieser Stadt bei, am alten Standort das Möhring Ecke Uhlandstraße, nach dem Brand Silvester 1973 liebevoll restauriert, das Schilling-Möhring an der Gedächtniskirche als Berliner Caféhaus-Klassiker. 1977 nach der Übernahme durch Möhring aufwendig renoviert, restauriert und ausgebaut, ist es zum Lieblingscafé vieler Stadtbesucher geworden. Dieses Café hat mit seinem livrierten Portier Werner Gädke zudem ein echtes und beliebtes Berliner Original geschaffen, der aber mittlerweile das Pensionsalter erreicht hat. Tatsächlich haben manche Leute dem Taxichauffeur am Flughafen als Fahrtziel „das Café, vor dem der dicke Portier steht" genannt.

Natürlich ist ebenfalls das Kranzler jahrzehntelang eines der populärsten Ku'damm-Cafés gewesen; inzwischen hat es seine Bedeutung allerdings durch einen radikalen Umbau unter neuer Leitung – vielleicht nur vorübergehend – eingebüßt. Es bleiben die vielen ungenannten Cafés, die der Berliner liebt und die nicht aufzuzählen sind, wie zum Beispiel das Pientka, in dem es sich so schön frühstücken und Zeitung lesen läßt, und das i-punkt im Europa-Center mit dem grandiosen Blick über die Stadt. Nicht unerwähnt bleiben darf das Café Einstein in einer schönen alten Villa in der Kurfürstenstraße, das sich seit 1978 der Wiener Kaffeehaustradition und, im Rahmen seiner abendlichen Veranstaltungen, der künstlerischen und literarischen Moderne verpflichtet fühlt, „und dem Werk derer, die bis 1933 in dieser Stadt lebten und arbeiteten". Das Einstein, meist mit jüngerem, studentischen Publikum gefüllt, hat sich damit ein in Berlin einmaliges und schwieriges Ziel gesetzt, obwohl auch die Möhring-Cafés zwischendurch versucht haben, die alte Tradition durch Dichterlesungen, Kabaretteinlagen und Kunstausstellungen wieder aufleben zu lassen. Aber hier blieb es bei Versuchen, so gut sie gemeint waren. Im Einstein bekommt man nicht nur vierzehn verschiedene Kaffee-Varianten – von der Melange bis zum „Café Superb" – und ebensoviele Frühstücksversionen, es werden neben dem Standardangebot eines Cafés ausgesuchte Mittags- und Abendmahlzeiten und mehrmals wöchentlich eine (abendliche) Unterhaltung präsentiert, die man sonst in diesem Rahmen nicht findet: Klavierkonzerte, Liederabende, Lesungen und schauspielerische Darstellungen. Mit seinen hohen, sehr hell erleuchteten Räumen wirkt das Einstein auf den ersten Blick nicht eben gemütlich; man gewöhnt sich daran, und zum Lesen, Schreiben oder Spielen ist es auch durchaus zweckmäßig; und auch viele echte Wiener Kaffeehäuser – wie das Museum –

Dieser Anblick ist selten: Das Café Florian wartet auf seine Gäste und Darsteller.

haben eine ähnliche „Festbeleuchtung". 1932 prophezeite ein Stammgast des Romanischen Cafés: „Es ist Zeit wegzugehen. Sie werden unsere Bücher verbrennen und uns damit meinen." Diese Worte stammen von Joseph Roth, und wie viele seiner literarischen und anderen Tischgenossen wählte er das Exil. Einige gingen zunächst nach Prag – „Romanisches Café, leicht beschädigt" nannte Anton Kuh einen dortigen Künstlertreffpunkt –, andere nach Amsterdam, viele auch nach Zürich, wo das Café Odeon, zeitweilig täglicher Aufenthaltsort von Ernst Bloch, wie schon während des Ersten Weltkriegs zu einer Emigranten-Heimstätte wurde, – aber die meisten trafen sich nach einer Weile in Paris.

Die französische Metropole war damals ein ähnlicher internationaler Künstlersammelpunkt wie zuvor Berlin und Wien. Das Caféhausleben blühte und hatte eine ganz eigene, eben pariserische Note entwickelt. Auf den Boulevards der Stadt und auch in den Seitenstraßen reihten sich die Cafés aneinander, dem Klima entsprechend oft mit Terrassen oder auch nur ein paar Tischen auf dem Gehsteig. Sie gehörten – und gehören noch heute – zum Stadtbild wie der Eiffelturm und die Seine-Brücken, und das ganz besonders am rive gauche, vor allem in St. Germain-des-Près im Quartier Latin, am Montparnasse und auch am Montmartre, den Künstler- und Studentenvierteln.
Das älteste Pariser Café entstand 1686 und steht noch heute am ursprünglichen Ort: das Procope, mitten in St. Germain, von dem Sizilianer Procopio begründet, der kurz zuvor das Speiseeis erfunden hatte. Von dem Badehaus, das vorher in den Räumen betrieben worden war, wurden Wandspiegel, Kronleuchter und Marmortische übernommen, und schon Jean-Jacques Rousseau und Diderot tranken hier ihren Kaffee, als der Staatsphilosoph Montesquieu schrieb: „Es ist ein Vorzug des Caféhauses, daß man den ganzen Tag dort sitzen kann und ebenso nachts, mitten unter Leuten aus allen Klassen. Das Caféhaus ist der einzige Ort, wo das Gespräch die Realität schafft, wo gigantische Pläne, utopische Träume und anarchistische Verschwörungen geboren werden, ohne daß man seinen Stuhl verläßt."
Im Procope saßen Danton und Robespierre, und dort hat Napoleon seine Revolte vorbereitet. Ein geschichtsträchtiger Ort, der im Laufe des letzten Jahrhunderts auch Heine, Marx, Wagner und Hebbel zu seinen Gästen zählte und zu einem der größten literarischen Cafés von Paris wurde. Auch Voltaire, nach dem bis 1956 ein weiteres berühmtes Pariser Café benannt war, in dem vor allem Künstler und Literaten verkehrten, ging ins Procope.
Der Geschichte aller wichtigen und interessanten Pariser Cafés nachzugehen, wäre ein ehrgeiziges Unterfangen. Sie und vor allem ihre illustren oder in anderer Hinsicht bedeutenden Gäste sind so zahlreich gewesen, daß allein unser Jahrhundert schon Stoff für einige Bücher böte. Paris war und ist eine Kulturmetropole, was sich natürlich auch in seinem Caféhausleben niedergeschlagen hat.
Es ist schwierig, in allen Fällen zwischen Café, Bistro und Brasserie zu unterscheiden, und heute sind sogar noch Drugstore, Salon de Thé und Pub hinzugekommen. Viele Lokale sind Mischformen, die teilweise auch auf das soziale Umfeld ihrer Gäste zurückzuführen sind. In der Anfangszeit waren Cafés meist elegant und prunkvoll ausgestattet, dienten Adel und Bürgertum als Treffpunkte, und die später entstandenen Bistros waren einfachere Cafés, in denen ursprünglich vor allem das Proletariat verkehrte.
Die Brasserie, wie das Bistro – und übrigens anderswo auch Café-Restaurant und Konditorei-Café – erst im letzten Jahrhundert entstanden, orientierte sich teilweise an der deutschen Gaststätte und zog überwiegend das Kleinbürgertum an. Heute

sind die Standesgrenzen mehr oder weniger verflossen und diejenigen zwischen diesen Kategorien ebenso, und das gilt oft auch für Drugstore, Pub und Salon de Thé, die erst in den letzten Jahrzehnten auftauchten. Der Pariser Teesalon erinnert in vielem an die durchschnittlichen deutschen Cafés, in denen Kuchen und Klatsch im Mittelpunkt stehen, die Brasserie ist meist ein gutes, zuweilen – wie das „Lipp's" – prächtig ausgestattetes Café-Restaurant.
In Paris, und ganz besonders hier, ist das Café ein Logenplatz für die Bühne des Lebens. Nirgends sonst kann man so intensiv teilhaben an dem, was draußen und drinnen passiert, und die Bühne befindet sich entsprechend sowohl auf der Straße als auch in den Räumlichkeiten selbst. So fühlt sich der Cafégast, gerade in den erwähnten Stadtvierteln, bei diesem Angebot an Theater nach einer Weile notgedrungen in die Rolle des Künstlers oder Lebenskünstlers versetzt, wenn er es nicht ohnehin ist oder zu sein glaubt. Er ist Zuschauer und Darsteller zugleich.
Es sind schöne und interessante Bühnen, die Stadt und ihre Cafés. Einige, wie das prächtige Café de la Paix, das zu den historischen Monumenten zählt, die Terrasse vom Fouquet's mit dem Blick auf die Champs-Elysées, die Café-Bar Le Carrefour mit ihrer Art-Nouveau-Dekoration und die Pavillons der feinen Café-Restaurants Pré Catelan (von Le Nôtre) und Grand Cascade im Bois de Boulogne mit ihren klassischen und einmaligen Ausstattungen sind wahre Augenweiden, deren Besuch zu einem Erlebnis werden kann. Andere, wie das Régence am Theaterplatz, wo seit über 250 Jahren Schach gespielt wird, das Le Dôme und das Select am Montparnasse, das Flore und das Deux Magots am Boulevard St. Germain leben eher von ihrer quirligen Atmosphäre, ihren „Darstellern" und ihrer Geschichte. Die Closerie des Lilas am Montparnasse, nahe dem Jardin du Luxembourg, war Treffpunkt für Oscar Wilde, Strindberg, Lenin und Trotzki und – neben Sylvia Beachs Buchladen „Shakespeare & Company" – Lieblingsaufenthaltsort von Ernest Hemingway während seiner „armen, glücklichen" Pariser Zeit in den zwanziger Jahren; ihre Namen und die anderer berühmter Gäste sind heute mit kleinen Messingschildern an ihren Stammplätzen zu finden. Hemingway hat dieses Café, in dem er arbeitete und mit Freunden wie Scott Fitzgerald seine Zeit verbrachte, in seinen Pariser Memoiren lebendig geschildert: „Es war eines der besten Cafés in Paris. Im Winter war es drinnen warm, und im Frühling und Herbst war es draußen wunderbar mit den Tischen im Schatten der Bäume auf der Seite, wo das Denkmal des Marschalls Ney war, und an den viereckigen Tischen unter den großen Markisen am Boulevard. Zwei der Kellner waren gute Freunde von uns. Leute aus dem Dôme und der Rotonde kamen nie in die Closerie. Hier war niemand, den sie kannten, und wenn sie gekommen wären, hätte sie niemand angestarrt. In jenen Tagen gingen viele Leute in die Cafés an der Ecke des Boulevard Montparnasse und des Boulevard Raspail, um von allen gesehen zu werden, und in gewisser Weise waren solche Cafés die Vorlagen der Klatschkolumnisten – täglicher Ersatz für die Unsterblichkeit. Die Closerie war einst ein Café gewesen, wo Dichter sich mehr oder weniger regelmäßig trafen... Die meisten Gäste waren ältliche, bärtige Männer in ziemlich abgetragenen Anzügen, die mit ihren Frauen oder Freundinnen kamen...
Diese Leute machten es zu einem behaglichen Café, da sie alle aneinander und ihren Drinks oder Kaffees oder Kräutertees interessiert waren und an den Zeitungen und Zeitschriften, die in Haltern befestigt waren, und keiner stellte sich großartig zur Schau... Es gab andere gute Cafés, in denen man arbeiten konnte, aber sie waren weit weg, und dies war mein Stammcafé...

Das Caffè Greco – einladend wie vor zweihundert Jahren.

Die Notizbücher mit den blauen Rücken, die zwei Bleistifte und der Bleistiftanspitzer (ein Taschenmesser war zu verschwenderisch), die Tische mit den Marmorplatten, der Geruch des frühen Morgens, des Ausfegens und Aufwischens und Glück, war alles, was du brauchtest."
Die Closerie des Lilas war auch ein Stammcafé von Renoir, Toulouse-Lautrec, Henry Miller und Picasso; Hemingway war sehr betroffen, als es sich zu einer „American Bar" entwickelte, und so wirkt es auch heute – eher wie ein schickes Lokal, das aus seiner Vergangenheit Kapital zu schlagen versucht.
Das Le Dôme, das Le Flore und das Aux Deux Magots müssen in ihrer „großen" Zeit dagegen äußerlich eher ähnlich gewesen sein wie heute. Sie wurden vor allem als Existentialisten-Cafés bekannt, in denen sich zwischen den dreißiger und fünfziger Jahren der Kreis um Sartre und Simone de Beauvoir traf. „Das ‚Flore' hatte seine Sitten, seine Ideologie. Die kleine Gemeinde der Getreuen, die sich dort täglich traf, gehörte nicht ganz zur Boheme und nicht ganz zur Bourgeoisie. Die meisten hatten lose mit dem Film und dem Theater zu tun. Sie lebten von unsicheren Einkünften, Notbehelfen und Hoffnungen... Es bot uns nicht nur einen relativen Komfort. Es war unsere querencia, wir fühlten uns dort zu Hause, geborgen. Vor allem im Winter bemühte ich mich, schon da zu sein, wenn das Café geöffnet wurde, um den besten Platz zu ergattern, neben dem Ofenrohr, wo es am wärmsten war. Ich liebte den Augenblick, wenn Boubal, eine grüne Schürze um die Hüften, in dem noch leeren Saal sein kleines Universum zum Leben erweckte... Im Lauf des Vormittags füllte sich der Saal allmählich. Zur Zeit des Aperitifs war er voll. Picasso lächelte Dora Marr zu, die einen großen Hund an der Leine hielt. Leon-Paul Fargue saß schweigend da, Jacques Prévert schwang Reden. An den Tischen der Filmleute, die sich seit 1939

Das Antico Caffè Greco in der römischen Via Condotti.

fast täglich hier einfanden, waren lärmende Diskussionen im Gang. Einige ältere Herren aus dem Viertel mischten sich in dieses Gewühl. Ich ging zum Mittagessen in mein Hotel und nahm dann, wenn ich nicht zur Schule mußte, meinen Platz im ‚Flore' wieder ein. Ich verließ es zum Abendessen und blieb dann wieder bis zur Polizeistunde. Es war jedesmal ein angenehmer Schock, wenn man abends aus der kalten Dunkelheit in diese lauwarme, helle, mit schönen roten und blauen Farben tapezierte Höhle trat."
In ihren autobiographischen Büchern hat Simone de Beauvoir verschiedene Pariser Cafés, deren Gäste und ihre gemeinsame Entwicklung detailliert geschildert.
Im Café Aux Deux Magots – wie im Régence – trafen sich nach 1933 auch zahllose deutsche Emigranten wieder und führten die im Romanischen Café begonnenen Diskussionen fort. Für viele wurden die Cafés zur eigentlichen Heimat. Tucholsky war schon seit längerem in Paris; andere Autoren schrieben im dortigen Exil – und das hieß meist in den Cafés – einige ihrer bedeutendsten Bücher: Anna Seghers („Transit"), Lion Feuchtwanger („Exil"), Joseph Roth („Die Legende vom heiligen Trinker"), Klaus Mann („Der Vulkan") und Erich Maria Remarque („Arc de Triomphe"). Im Deux Magots saßen Kesten, Kisch, Kerr und Kantorowicz, Heinrich Mann, Rudolf Leonhard, Ludwig Marcuse und Ernst Bloch, Erwin Piscator, Oskar Maria Graf, Kurt Hiller, Max Brod, Döblin und Brecht. Und viele andere. Etliche von ihnen begaben sich einige Zeit später nach Sanary-sur-Mer an der Côte d'Azur, in die von Ludwig Marcuse eindrucksvoll geschilderte zeitweilige „Hauptstadt der deutschen Literatur" – wo sie sich dann wiederum in Cafés niederließen: „Bisweilen war ein guter Teil der besten deutschen Literatur im Dorf und saß im ‚Marine' oder bei der ‚Witwe Schwab'. Sanary war ein sehr umfangreiches ‚Romanisches Café', mit Marmor-Tischen und Badehosen... Am verliebtesten war ich in meine adoptierte Heimat, wenn ich zur Zeit des ausgehenden Tages vor dem ‚Café de la Marine' saß... In solchen Stunden war's, daß ich Deutschland selig vergaß."
Im fast benachbarten Nizza fanden sich etliche von ihnen mit wieder anderen auch oft im Café Monnot ein.
„Rick's Café Americain" dagegen, durch Ingrid Bergman und Humphrey Bogart ebenfalls als Flüchtlingslokal zu Ruhm gelangt, existiert (etwas südlicher) tatsächlich nur auf der Leinwand – in „Casablanca"...
Es ist interessant, in Pariser Cafés den Spuren einstiger Größen und interessanter Persönlichkeiten zu folgen, führt aber auch deutlich vor Augen, daß ihre Zeiten vorüber sind. Eigentlich ist es richtiger – zumindest sollte man es nicht versäumen –, sich einfach an einem der kleinen Caféhaustische niederzulassen und die heutige Atmosphäre zu genießen, wie es die Pariser tun, für die ihre Stadt ohne Cafés unvorstellbar wäre. Auch hier hatten – und haben zum Teil noch heute – die unterschiedlichen Berufsstände ihre ausgesprochenen und sehr typischen Stammcafés. Keine Rede von einem Niedergang dieser Institution, ständig entstehen neue Beispiele, und die alten florieren wie ehedem. Ein Beispiel dafür ist das Café Costes zwischen dem Centre Pompidou und dem Forum des Halles, ein großes eigenwillig-modern durchgestyltes „In-Cafe", in dem sich seit einiger Zeit alles trifft, was meint, etwas Besonderes zu sein – neuester Akt auf der Caféhaus-Bühne. Ein altes Café, das noch viel von der Ausstrahlung und Anziehungskraft vergangener Jahre besitzt, ist das frühere Rumplmeyr, heute „Chez Angelina", in der rue de Rivoli; wie alle bekannten Pariser Cafés auch touristisch durchsetzt, gibt es doch etwas vom Flair alter Zeiten wieder, und die Trinkschokolade wird nach wie vor aus echter, zerschmolzener Schokolade zubereitet.
Paris ist für seine Boulevard-Cafés

berühmt. Der Wiener, wenngleich er bekannterweise gerne im Kaffeehaus sitzt, weil er dort „nicht zuhause und doch nicht an der frischen Luft“ ist, hat im Sommer seine Schanigärten, wenn die Tische vor die Tür gestellt werden. Das ist schön. Unvergleichlich ist es, weiter südlich, im mediterranen Klima, seinen Kaffee unter blauem Himmel im Sonnenschein zu trinken. Unter Italiens Sonne.

Das erste Café Venedigs wurde natürlich auf dem Markusplatz eröffnet – der seit langem das Bild eines einzigen großartigen Caféhauses bietet, das vor prächtiger Kulisse zwischen den Prokurazien den Blick auf San Marco und den Dogenpalast freigibt. Was wäre Venedig ohne die Piazza San Marco, und was wäre die ohne das Café Florian und das Quadri!
Sie haben seit Jahrhunderten die Venezianer und ihre Besucher angelockt, und nach einigen Stunden in der Stadt gibt es nichts Schöneres, als sich hier an den Arkaden auf einem der Stühle niederzulassen und bei einem Cappuccino, einer Schokolade oder einem erfrischenden Drink die einmalige Atmosphäre der Umgebung auf sich einwirken zu lassen. Das Florian, 1720 gegründet, gehört zu den schönsten und berühmtesten Caféhäusern der Welt und diente schon dem venezianischen Komödiendichter Goldoni als Hintergrund für sein bekanntes Lustspiel „Das Kaffeehaus“. Hier fand sich die elegante Gesellschaft Venedigs neben den Reisenden aus aller Welt ein, hier blühte vor zwei Jahrhunderten auch das verbotene Glücksspiel – was zu einer zeitweiligen Schließung des Caféhauses führte –, und hier trafen sich die Künstler, denen diese Stadt schon immer ein reiches und faszinierendes Betätigungsfeld bot. Casanova wartete im Florian auf seine Damen, Lord Byron auf Inspirationen zu seinen Versen, und Honoré de Balzac stellte fest, daß dieses Caféhaus eine undefinierbare Institution sei, in der sich „die Funktionen eines Klubs mit denen einer Börse, die eines Theaterfoyers mit denen eines Lesekabinetts“ vereinigten. Damals war der Markusplatz Tag und Nacht belebt und voller Zelte, unter denen Türken und Griechen lebten und ihre Waren anboten. Fast jeder Venedig-Besucher hat eine Zeit im Florian verbracht; sicher aber jeder Künstler, der sich in der Stadt aufhielt – und das waren sehr, sehr viele. Der jungdeutsche Erzähler Gustav Ferdinand Kühne schrieb 1841 in seinen „Blättern aus Venedig“: „Über den venezianischen Kaffee klagt vielleicht nur ein verwöhnter Italiener aus dem Süden des Landes. Wir tranken ihn vortrefflich in den Arkaden der Prokurazien, wo sich in etwas ein Palais Royal gestaltet. Dort findet der deutsche Magen auch die ‚Augsburger Allgemeine Zeitung‘ und lernt als Patriot sich mit Anstand begnügen. Was das Hotel nicht leistet, ersetzt überhaupt das Kaffeehaus. Hier kauft man ein, macht Bekanntschaften, erquickt sich und erholt sich von den Strapazen im Gasthause. Auch Stiefelputzer finden sich hier ein, wie in Paris, mit Hutsche und Kratzbürste.“
In seinen Innenräumen bezaubert das Café Florian auch durch die prächtige Einrichtung aus dem 19. Jahrhundert; vor allem die Venezianer selbst ziehen diese Umgebung vor, wenn sich die Touristenströme im Herbst verloren haben und die Tische auf der Piazza verschwunden sind.
Auf der gegenüberliegenden Seite – von San Marco aus rechts – liegt das Café Quadri, mit einem ähnlichen Publikum, das in den frühen Tagesstunden besonders einladend wirkt, weil es in der Morgensonne lebendig wird. Es wurde nur wenige Jahre nach dem Florian eröffnet, und manchmal spielen die Kapellen beider Cafés um die Wette.
Das dritte Café im „schönsten Salon Europas“ – so Napoleon über den Markusplatz – ist das Grand Café an der Piazetta, das dem mediterranen Caféhaustyp entspricht und sich ganz zum Platz hin öffnet.
Es liegt direkt gegenüber dem Dogen-

Beliebt bei Berlinern und ihren Besuchern: das Möhring (ehemals Schilling).

palast, vor der Alten Bibliothek mit ihrer schönen statuengeschmückten Balustrade aus dem Jahre 1536.
Wer im Quadri oder im Florian etwas bestellt, sollte sich nicht über die extremen Preise wundern. Ein Cappuccino kostet nicht viel weniger als ein Drink, denn es geht an diesem Ort weniger um die Konsumation als um eine Eintrittskarte zur grandiosen Bühne Venedig.
Und die Vorstellung ist echt. Denn, wie Mary McCarthy, eine gute Freundin der Wahlvenezianerin und Kunstsammlerin Peggy Guggenheim, über die Lagunenstadt schreibt, „das Touristen-Venedig *ist* Venedig: die Gondeln, die Sonnenuntergänge, die wechselnde Beleuchtung, das Café Florian, das Café Quadri Torcello, Harry's Bar, Murano, Burano, die Tauben, die Glasperlen, der Vaporetto. Venedig ist eine Faltpostkarte seiner selbst."
Venedig ist nicht die einzige Stadt Italiens mit schönen und berühmten Cafés. Das ergibt sich schon aus der Lebensart der Italiener; und da es manche Kenner gibt, die ganz Italien als eine einzige große Komödie bezeichnen, ist es nur verständlich, daß dort entsprechend viele Logenplätze benötigt werden. Bekannt geworden sind, wie überall, vor allem die Caféhäuser mit den namhaften Darstellern, die Künstlercafés, wie das Tommaseo und das San Marco in Triest, die in vielem an das Wiener Kaffeehaus erinnern, das Pedrocchi in Padua und neben anderen das Michelangelo und das Giubbe Rosse in Florenz. In seinem Buch über italienische Literatencafés listet Enrico Falqui 418 Lokalitäten dieser Art in 35 Städten, davon 91 allein in der Stadt, die Künstler und auch andere Italienreisende wie keine andere – außer vielleicht Venedig und Florenz – angezogen hat: Rom.

Daß alle Wege irgendwann nach Rom führen, hat sicherlich ein Körnchen Wahrheit. „Wenn Menschen sich treffen, so ist es gut; wenn sie sich in Rom treffen, so ist es besser", schrieb Theodor Mommsen 1882 einer Freundin in ein Album.
Für Künstler und Kulturbeflissene gehörte es seit Jahrhunderten regelrecht zur Bildung und zum persönlichen Reifeprozeß, in diese Stadt zu pilgern und sich ihr auszuliefern, von ihr verfeinern und vereinnahmen zu lassen. Goethes „Italienische Reise" ist nur ein Beispiel unter unzähligen. Es bildeten sich ganze Künstlerkolonien. Und alle hatten ihre Cafés.
Das Caffè Greco, das vor einigen Jahrzehnten nationales Monument wurde und seit 1760 in der eleganten Via Condotti nahe der Spanischen Treppe steht, ist ein Zeugnis dieser großen kulturellen Funktion der italienischen Metropole. In seinen eigenwilligen schlauchartigen Räumen, in der Aufteilung durch orientalische Cafés beeinflußt, wurde Kunst gelebt, in seinem „Omnibus" trafen sich Künstler aus Weimar und Berlin, aus Leningrad und Paris, aus London und New York, empfingen ihre Post und tranken „einen ausgezeichneten Kaffee, der nur drei Pfennige kostete", wie sich Stendhal erinnerte.
Das Café hat sein kosmopolitisch-künstlerisches Flair bis heute erhalten, obwohl seine Blütezeit schon lange vorüber ist und es jetzt auf manchen etwas steif und antiquiert wirkt.
Die große Epoche des Greco – oder Antico Caffè Greco, wie es inzwischen heißt – begann bald nach seiner Gründung und zog sich über die ersten Jahrzehnte des 19. Jahrhunderts hin, als Goethe im „Omnibus" Tischbein traf und an seiner „Iphigenie" schrieb, Wilhelm von Humboldt hier als preußischer Gesandter verkehrte und schließlich die neoklassizistischen Maler, die Frühromantiker und die „Nazarener" in Rom lebten und das Greco zu ihrem eigentlichen Zuhause machten. Damals wurde sogar vorgeschlagen, es in „Caffè Tedesco" umzubenennen, da die Deutschen es geradezu bevölkerten. Zeitweilig frequentierten sie allerdings auch das nahegelegene Caffè Inglese. Ein junger Heidelberger Maler, Karl Philipp Fohr, hat 1818

viele der damals im Greco beheimateten deutschen Künstler porträtiert.
Auch nach dieser Zeit blieb das Greco Anziehungspunkt für Rombesucher, besonders Künstler und Literaten aus aller Welt, aber auch die Römer selbst.
Zu seinen bekanntesten Gästen zählten Papst Leo XII., Autoren wir Longfellow, Hawthorne, Oscar Wilde, Björnson, Marcel Prévost, Mark Twain, H.C. Andersen und Gabriele d'Annunzio. Um die Jahrhundertwende teilte das Greco die Bedeutung ähnlicher Caféhäuser in Wien, Berlin und Paris. Heute ist es zu einer Sehenswürdigkeit geworden, nur noch selten sieht man ein bekanntes Gesicht wie Alberto Moravia, der nach wie vor gern im „Omnibus" sitzt, aber besonders morgens ist es noch immer gemütlich und gut.
In seiner „Chronik des Café Greco" (1930) hat der Italiener Diego Angeli seinem Freund und Stammgast Antonio Pascarella abschließend eine leidenschaftliche Beschwörung in den Mund gelegt: „Das Café Greco wird nie sterben... Es können die unerwartetsten Dinge auf dieser Welt passieren. Die Generationen lösen einander ohne Pause ab. Die alten Besucher entfernen sich oder sterben. Die Revolutionen zerstören die Regierungen und schaffen neue Staaten. Aber es wird immer einen bizarren Dichter, einen Künstler außerhalb der Gesetze, einen jenseits gerichteten Philosophen geben, der, nach Rom aus einem der vier Weltteile kommend, ohne Verbindungen, ohne Heim, ohne Geld, im alten römischen Café endet, so wie am Anfang Giacomo Casanova dort eintrat, und wie am Ende der Jahrhunderte der letzte Abenteurer der Kunst und des Lebens dort eintreten wird."
Andere beliebte Künstlercafés, die auch noch heute florieren und in jedem Reiseführer zu finden sind, waren das Rosati an der Piazza del Popolo, römisches Stammlokal von Sartre und Simone de Beauvoir, das Aragno am Corso, das für seinen guten Kuchen und das hervorragende Eis bekannt ist und auch schon viele Parlamentarier zu seinen Gästen gezählt hat, und das Canova an der Piazza del Popolo, Stammcafé von Literaten und Filmleuten. Unter den Kolonnaden der Piazza Colonna liegt das Berardo, wo nachmittags eine Kapelle spielt. Für seine Eistorten und Gebäcke berühmt ist das Bernarsconi. Den besten Kaffee Roms bekommt man angeblich im Tazza d'Oro beim Pantheon, wo man auf Kaffeesäcken sitzt, und im Gardenia in der Via del Governo Vecchio genießt man die exzellenten hausgemachten Torten. Rom hat viele Cafés. Die Liste ließe sich endlos fortsetzen.
Rom ist auch ein Beispiel dafür, daß vom so oft beschworenen Untergang des Caféhauses keine Rede sein kann. Die Caféhäuser Wiens und Berlins, die Cafés in Paris, Venedig, Rom und den anderen typischen europäischen Caféhausstädten wie Lissabon mit dem bekannten „A Brasileira" und dem „Nicola", Madrid mit dem „Gijón", dem „Comercial" und dem Café del Prado, wie Barcelona, Budapest, Salzburg und Krakau sind zwar in Erscheinungsbild und Entwicklung meist nicht vergleichbar. Aber diejenigen, die den Zweiten Weltkrieg überlebt haben, konnten sich fast alle weiter behaupten.

Indessen ergibt sich eine andere Frage, die zunächst vielleicht überraschend wirkt: Ist die Caféhauskultur ein rein europäisches Phänomen?
Nicht ganz. Ihre Wurzeln liegen – abgesehen von den beschriebenen frühesten Anfängen – im alten Europa, hier hat sie ihre schönsten Blüten getrieben und Blütezeiten erfahren; und auch auf dem Balkan, in der Türkei und im Nahen Osten haben Kaffeehäuser nach wie vor ihren festen Platz. Aber der Kontinent hat in verschiedenster Weise auch auf andere Kulturen eingewirkt. So mag Australien seine beliebten Cafés haben – wie das Comedy Café in Melbourne mit seinem

Zwischen anstrengenden Fotoaufnahmen erholt man sich am besten – im Café.

EIS

publikumsbezogenen Kleinkunst-Programm – auch einige Großstädte ehemaliger Kolonien in Südamerika, Asien und Afrika, und anderer Länder. Das Caféhausleben ist dort jedoch nicht landestypisch, konnte nie – mit wenigen Ausnahmen – zu einem eigenständigen Stück Kulturgut werden. Diese Länder haben andere gesellschaftliche Traditionen und Ausprägungen, an denen es uns wiederum mangelt. Etwas anders verhält es sich in Nordamerika, genauer gesagt in den Vereinigten Staaten, die als „melting pot" den unterschiedlichsten kulturellen Strömungen ausgesetzt waren und sind. Auch Amerika hat seine Cafés – von „coffee shops" ist hier nicht die Rede –, und natürlich befinden sich die meisten in den Künstler- und Handelsmetropolen an den Küsten. Das ehemalige New Yorker Merchants Coffee House, in dem schon George Washington saß, hat Geschichte gemacht, in unserem Jahrhundert das Café Crown, das Café Rienzi und die Waldorf Cafeteria.

Dennoch: Europa war der Nährboden des Caféhauses, und hier liegt der größte und eindrucksvollste Teil seiner berühmten Geschichte. Daß diese ein gutes Stück Kulturgeschichte ist, hat niemand besser erkannt als Hermann Kesten, der eigenhändig eine Literaturcafégeschichte (oder umgekehrt) verfaßte. In den meisten großen europäischen Cafés hat er selbst oft gesessen: „Ich habe einen guten Teil meines Lebens im Kaffeehaus verbracht, und ich bedauere es nicht. Das Kaffeehaus ist ein Wartesaal der Poesie. Das Beste am Kaffeehaus ist sein unverbindlicher Charakter. Da bin ich in einer Gesellschaft, und keiner kennt mich. Man redet, und ich brauche nicht zuzuhören. Ich sehe einen nach dem anderen an und erkenne alle. Für mich agieren sie wie Komödianten. Wenn mir der erste beste mißfällt, greife ich nach meinem Hut und gehe ins nächste Kaffeehaus."

Vieles ist anders geworden. Verloren ist das berühmte Café de l'Odeon in Zürich; inzwischen auch lange das Hamburger L'Arronge; geblieben das Café Royal in London, das Café Americain in Amsterdam, das Tomaselli in Salzburg, das Grand Café in Oslo, in dem Edvard Munch und seine Freunde saßen. Geblieben ist vor allem die Sehnsucht nach diesen Stätten öffentlicher und doch ganz privater und persönlicher Kultur, die man mit anderen teilt oder auch nicht, je nachdem, wie man aufgelegt ist.

Geändert hat sich das Publikum. Der Caféhausbewohner von früher existiert nicht mehr, und das liegt auch – aber nicht nur – daran, daß er im deutschsprachigen Raum oft jüdischer Herkunft war. Es liegt, wie Friedrich Torberg erkannte, vor allem am Wandel der Zeit: an gesellschaftlichen Veränderungen, Technologisierung der Arbeit – daran, „daß sie alle keine Zeit mehr haben. Und Zeithaben ist die grundlegende Voraussetzung jeglicher Kaffeehauskultur (ja am Ende wohl jeglicher Kultur)... Sie bringen alle Erfordernisse eines Stammgastes mit, nur sich selber nicht." Das heißt: unsere Sehnsucht nach den Cafés von gestern ist auch der nostalgische Wunsch nach mehr Zeit.

Aber neben den noch florierenden alten gibt es neue Cafés, die sich dem Wandel anpassen, und viele von ihnen haben sich bei den verschiedenen Gesellschaftsgruppen etablieren können und zum unentbehrlichen Faktor der heute so viel zitierten Lebensqualität gemacht. Seit geraumer Zeit gibt es eine wahre Renaissance des Caféhauses, wenn auch in unterschiedlichen Ausprägungen, vom gemütlichen, liebevoll eingerichteten Café an der Ecke über das lockere Café-Restaurant bis hin zum cool-durchgestylten Nachtcafé, das mancherorts die Bars und Diskotheken zu verdrängen scheint – viele von ihnen mit ausgefallenen Frühstücksangeboten und Zeitungshaltern.

Caféhäuser wird es immer geben, solange der Mensch soziale, kulturelle und kulinarische Bedürfnisse hat. Und Zeit – Zeit muß man sich eben nehmen.